# SERVICE VICINAL.

## CHEMINS VICINAUX

### ARRÊTÉ RÉGLEMENTAIRE

CONCERNANT LES

### PERMISSIONS DE VOIRIE VICINALE

(*Exécution de l'article 280 de l'Instruction générale du 6 décembre 1870.*)

LILLE. — IMP. L. DANEL. — 1891.

Ministère de l'Intérieur.

**DÉPARTEMENT
DU NORD.**

SERVICE VICINAL.

# CHEMINS VICINAUX.

## ARRÊTÉ RÉGLEMENTAIRE

CONCERNANT LES

## PERMISSIONS DE VOIRIE VICINALE

*(Exécution de l'article 280 de l'Instruction générale
du 6 décembre 1870.)*

Nous, Préfet du département du Nord,

Vu l'édit royal de décembre 1607 ;

Vu l'article 29 du titre I$^{er}$ de la loi des 19-22 juillet 1791 qui a confirmé les règlements alors subsistants touchant la voirie ;

Vu les articles 6, 7 et 8 de la loi du 9 ventôse an XIII, relative aux plantations des grandes routes et des chemins vicinaux ;

Vu les articles 1 et 10 de la loi du 28 juillet 1824 ;

Vu la loi du 21 mai 1836 sur les chemins vicinaux ;

Vu la loi du 10 août 1871 sur les Conseils généraux ;

Vu l'instruction générale en date du 6 décembre 1870 et le règlement général du 16 mars 1871 sur le service des chemins vicinaux ;

Vu la loi du 5 avril 1884 sur l'organisation municipale ;

Vu la loi sur le timbre en date du 10 brumaire an VII ;

Considérant qu'aux termes de ces lois, l'Administration est

chargée d'assurer la libre circulation sur les chemins vicinaux, ainsi que l'uniformité dans les règles relatives aux constructions et aux plantations, de prononcer sur les diverses demandes faites par les particuliers, d'empêcher ou de poursuivre les contraventions en matière de voirie vicinale ;

Considérant que, pour diminuer le nombre de ces contraventions et assurer la répression de celles qui seront commises, il importe de faire connaître ou rappeler au public et aux fonctionnaires administratifs les règlements adoptés pour l'exécution de ces lois :

AVONS ARRÊTÉ ET ARRÊTONS les dispositions ci-après, concernant les permissions de voirie vicinale :

## CHAPITRE PREMIER.
### FORME DES DEMANDES.

ART. 1er. — Toute demande de permission de voirie, ayant pour objet soit d'établir des constructions le long des chemins vicinaux, soit de réparer, de modifier ou d'approprier les façades de celles qui existent, soit de faire ou de supprimer des plantations, soit, enfin, d'entreprendre un travail quelconque sur le sol des dits chemins et de leurs dépendances, doit être faite sur papier timbré et adressée au préfet ou au sous-préfet (1) en ce qui concerne les chemins de grande communication et d'intérêt commun et aux Maires en ce qui concerne les chemins vicinaux ordinaires.

Cette demande est présentée par le propriétaire ou en son nom, et contient l'indication exacte de ses nom, prénoms et domicile ; elle désigne la commune où les travaux doivent être entrepris, en ajoutant, dans les traverses, l'indication de la rue et de l'immeuble auquel ils se rapportent, et, hors des traverses, celle des lieux dits, tenants et aboutissants, et des

---

(1) Le Sous-Préfet ne statue que lorsqu'il existe un plan régulièrement approuvé ; le Préfet statue dans tous les autres cas (Inst. génér., art. 276).

bornes kilométriques entre lesquelles ils doivent être exécutés. Enfin, elle contient l'énumération précise et détaillée des ouvrages projetés et elle est accompagnée au besoin de dessins faisant connaître les dispositions de ces ouvrages.

Les dispositions qui précèdent sont applicables aux demandes présentées par les administrations publiques, sauf en ce qui concerne l'emploi de papier timbré.

## CHAPITRE II.

### CONSTRUCTIONS NEUVES.

Art. 2. — *Alignements par avancement.* — L'arrêté qui autorise une construction neuve, une reprise d'alignement ou l'établissement d'une clôture, détermine géométriquement l'alignement à suivre par le permissionnaire.

Lorsque la construction sur l'alignement doit avoir pour effet de réunir à la propriété riveraine une portion de la voie publique, les agents voyers procèdent, contradictoirement avec le pétitionnaire, au métré et à l'estimation du terrain à abandonner. Le montant de l'estimation, fixé par l'agent voyer cantonal, est acquitté par le pétitionnaire, en vertu d'un acte de vente passé entre lui et le Maire de la commune, approuvé par le Conseil municipal et homologué par le Préfet.

Il est formellement interdit au pétitionnaire d'occuper le terrain avant d'en avoir acquitté le prix.

Le permissionnaire ne peut réclamer le tracé de son alignement, s'il n'est pas en mesure de justifier de ce paiement.

Art. 3. — *Alignements par reculement.* — Lorsque la construction sur l'alignement a eu pour effet de réunir à la voie publique une partie du terrain riverain, il est procédé comme ci-dessus au métré et à l'estimation qui servent de base au règlement de l'indemnité et il intervient un acte d'acquisition par la commune.

Cette indemnité n'est exigible qu'à partir du jour où, sur la demande du permissionnaire, il aura été constaté que son terrain est définitivement réuni à la voie publique et qu'il a, en outre, satisfait aux prescriptions de l'arrêté d'autorisation.

Art. 4. — *Règlement par experts du prix des terrains acquis ou cédés par les riverains.* — A défaut d'arrangement amiable entre l'Administration et le pétitionnaire, le prix du terrain à céder ou à acquérir est réglé conformément à l'article 279 de l'Instruction générale du 6 décembre 1870 et par application de l'article 19 de la loi du 21 mai 1836.

Art. 5. — *Dispositions relatives au cas de reculement.* — Un mur mitoyen, mis à découvert par suite du reculement d'une construction voisine, est soumis aux mêmes règles qu'une façade en saillie.

Le raccordement des constructions nouvelles avec des bâtiments ou murs en saillie ne peut être effectué qu'au moyen de clôtures provisoires, dont la nature et les dimensions seront réglées par l'arrêté d'autorisation. Toutefois, les épaisseurs ne peuvent dépasser, en y comprenant les enduits et les ravalements :

Pour les clôtures en briques, hourdées en mortier ou plâtre avec ou sans pans de bois.................................... $0^m,12$

Pour les clôtures en bois, avec remplissage en plâtre et plâtras, moellons, argile ou pisé........................ $0^m,16$

Pour les clôtures en moellons, hourdées en mortier ou plâtre sans pans de bois .............................................. $0^m,25$

Pour les clôtures en pisé et en moellons, sans mortier ou en mortier de terre, avec enduit en terre.................... $0,40$

Toutes liaisons entre les nouvelles et les anciennes maçonneries, tendant à réconforter celles-ci, sont formellement interdites.

Art. 6. — *Aqueducs sur les fossés des chemins.* — L'écoulement des eaux ne peut être intercepté dans les fossés des chemins vicinaux.

Les dispositions et dimensions des aqueducs, dalots ou tuyaux, destinés à rétablir la communication entre le chemin et les propriétés riveraines, sont fixées par l'arrêté qui autorise ces ouvrages, lesquels doivent toujours être établis de manière à ne pas déformer le profil normal du chemin.

Art. 7. — *Haies et clôtures*. — Les haies sèches, barrières, palissades, clôtures à claire-voie ou levées en terre formant clôtures sont placées, savoir :

Dans les traverses, sur l'alignement fixé pour les constructions, et hors des traverses, de manière à ne pas empiéter sur les talus de déblai et de remblai du chemin.

Les haies vives sont placées à $0^m,50$ en arrière de ces alignements.

Art. 8. — *Avis à donner par le propriétaire et vérification des travaux*. — Tout propriétaire autorisé à faire une construction ou une clôture le long d'un chemin vicinal ou à exécuter des ouvrages sur le sol dudit chemin, doit indiquer à l'avance, à l'agent voyer cantonal, l'époque où les travaux seront entrepris, pour qu'il puisse être procédé à une première vérification, ou, si le propriétaire le demande, au tracé de l'alignement.

S'il s'agit d'une construction en maçonnerie, le permissionnaire prévient une seconde fois l'agent voyer cantonal dès que les premières assises au-dessus du sol sont posées.

Dans tous les cas, après l'achèvement des travaux, les agents de l'Administration dressent un procès-verbal de récolement en double expédition, conformément aux dispositions de l'article 36 ci-après.

## CHAPITRE III.

### CONSTRUCTIONS EN SAILLIE SUR L'ALIGNEMENT.

Art. 9. — *Interdiction de travaux confortatifs.* — Tous ouvrages confortatifs sont interdits dans les constructions en saillie sur l'alignement, tant aux étages supérieurs qu'au rez-de-chaussée.

Sont compris notamment dans cette interdiction :

Les reprises en sous-œuvre ;

La pose de tirants, d'ancres ou d'équerres, et tous ouvrages destinés à relier le mur avec les parties situées en arrière de l'alignement ;

Le remplacement par une grille de la partie supérieure d'un mur en mauvais état ;

Des changements assez nombreux pour exiger la réfection d'une partie importante de la façade.

Art. 10. — *Travaux qui pourront être autorisés avec conditions spéciales.* — Peuvent être autorisés, dans les cas et sous les conditions énoncés dans les articles 11 à 17, les ouvrages suivants :

Les crépis ou rejointoiements ;

L'établissement d'un poitrail ;

L'exhaussement ou l'abaissement des murs et façades ;

La réparation totale ou partielle du chaperon d'un mur et la pose de dalles de recouvrement ;

L'établissement d'une devanture de boutique ;

Le revêtement des façades ;

L'ouverture ou la suppression des baies.

Art. 11. — *Crépis et rejointoiements, poitrails, exhaussement ou abaissement des façades, etc.* — L'exécution de crépis ou rejointoiements, la pose ou le renouvellement d'un poitrail, l'abaissement ou l'exhaussement des murs et façades, la réparation des chaperons d'un mur et la pose des dalles de recouvrement ne seront permis que pour les murs et façades en bon état, qui ne présentent ni surplomb, ni crevasses profondes, et dont ces ouvrages ne puissent augmenter la solidité et la durée.

Il ne pourra être fait, dans les nouveaux crépis, aucun lancis en pierres ou autres matériaux durs.

Les reprises des maçonneries autour d'un poitrail ou des nouvelles baies seront faites seulement en moellons ou briques, et n'auront pas plus de 0$^m$,25 de largeur.

L'exhaussement des façades ne pourra avoir lieu que dans le cas où le mur inférieur sera reconnu assez solide pour pouvoir supporter les nouvelles constructions. Les travaux seront exécutés de manière qu'il n'en résulte aucune consolidation du mur de face.

Art. 12. — *Devantures de boutiques.* — Les devantures se composeront d'ouvrages en menuiserie, il n'y sera employé que du bois de 0$^m$,10 d'équarrissage au plus. Elles seront simplement appliquées sur la façade, sans être engagées sous le poitrail et sans addition d'aucune pièce formant support pour les parties supérieures de la maison.

Art. 13. — *Revêtement des façades.* — L'épaisseur des dalles, briques, bois ou carreaux employés pour les revêtements des soubassements ne dépassera pas 0$^m$,05.

Les revêtements au-dessus des soubassements, au moyen de planches, ardoises ou feuilles métalliques, ne pourra être autorisé que pour les murs et façades en bon état.

Art. 14. — *Ouverture de baies, portes bâtardes et fenêtres.* — Les linteaux des baies de portes bâtardes ou fenêtres à ouvrir seront en bois; leur épaisseur dans le plan vertical n'excédera pas $0^m,16$, ni leur portée sur les points d'appui $0^m,20$.

Le raccordement des anciennes maçonneries avec les linteaux, et les reprises autour des baies ne seront faits qu'en petits matériaux et n'auront pas plus de $0^m,25$ de largeur.

Art. 15. — *Portes charretières.* — Les portes charretières pratiquées dans les murs de clôture ne pourront s'appuyer que sur les anciennes maçonneries ou sur des poteaux en bois. Les reprises autour des baies seront assujetties aux conditions fixées dans l'article précédent.

Art. 16. — *Suppression des baies.* — La suppression des baies pourra être autorisée sans conditions pour les façades en très bon état ; lorsque la façade sera reconnue ne pas remplir cette condition, les baies à supprimer seront fermées par une simple cloison en petits matériaux de $0^m,16$ d'épaisseur au plus, dont le parement affleurera le nu intérieur du mur de face, le vide restant apparent à l'extérieur, et sans addition d'aucun montant ni support en fer ou en bois.

Art. 17. — *Avis à donner par le propriétaire.* — Tout propriétaire autorisé à faire une réparation doit indiquer à l'avance, à l'agent voyer cantonal, le jour où les travaux seront entrepris.

L'Administration désigne, lorsqu'il y a lieu, ceux qui ne doivent être exécutés qu'en présence d'un de ses agents.

Art. 18. — *Travaux à l'intérieur des propriétés.* — Il est interdit de faire dans la partie retranchable d'une propriété aucune construction nouvelle, lors même que le terrain serait clos par des murs ou de toute autre manière, et que l'on ne toucherait pas au mur de face.

Les travaux à l'intérieur des maisons sont exécutés sous la responsabilité des propriétaires contre lesquels il est exercé des poursuites, dans le cas où ces travaux sont reconnus être confortatifs des murs de face.

# CHAPITRE IV.

### SAILLIES.

Art. 19. — *Soubassements, colonnes, pilastres, ferrures, jalousies, persiennes, contrevents, appuis de croisées, barres de support, tuyaux de descente, cuvettes, ornements en bois des devantures, grilles, enseignes, socles, seuils, petits et grands balcons, lanternes, transparents, attributs, auvents et marquises, bannes, corniches d'entablement.* — La nature et la dimension maximum des saillies permises sont fixées ci-après, la mesure des saillies étant toujours prise sur l'alignement de la façade, c'est-à-dire à partir du nu du mur au-dessus de la retraite du soubassement :

1° Soubassements .................................................. 0$^m$,05

2° Colonnes en pierre, pilastres, ferrures de portes et fenêtres, jalousies, persiennes, contrevents, appuis de croisées, barres de support ................................................. 0$^m$,10

3° Tuyaux et cuvettes, ornements en bois des devantures, grilles de boutiques et de fenêtres des rez-de-chaussée, enseignes, y compris toutes pièces accessoires .......... 0$^m$,16

4° Socles de devantures de boutiques, seuils de portes 0$^m$,20

5° Petits balcons de croisée au-dessus du rez-de-chaussée ................................................................ 0$^m$,22

6° Grands balcons, lanternes, transparents, attributs 0$^m$,80

Ces ouvrages ne pourront être établis qu'à 4$^m$,30 au moins au-dessus du sol et seulement dans les rues dont la largeur ne sera pas inférieure à 8 mètres.

Toutefois, s'il y a devant la façade un trottoir de 1$^m$,30 de largeur au moins, la hauteur de 4$^m$,30 pourra être réduite jusqu'au minimum de 3$^m$,50 pour les grands balcons, dans les rues ayant au moins 8 mètres de largeur, et au minimum de

3 mètres pour les lanternes, transparents et attributs, quelle que soit la largeur de la rue.

Ces ouvrages devront d'ailleurs être supprimés sans indemnité, si l'Administration, dans un intérêt public, est conduite à exhausser ultérieurement le sol de la route.

7° Auvents et marquises.................................. 0$^m$,80

Ces ouvrages seront en bois ou en métal ; on ne les autorisera que sur des façades devant lesquelles il existe un trottoir de 1$^m$,30 de largeur au moins et à 3 mètres au moins au-dessus de ce trottoir ;

8° Bannes............................................... 1$^m$,50

Elles ne pourront être posées que devant les façades où il existe un trottoir. La dimension maximum fixée ci-dessus sera réduite quand ce trottoir aura moins de 2 mètres, de manière que sa largeur excède toujours de 0$^m$,50 au moins la saillie des bannes.

Aucune partie des supports ne sera à moins de 2$^m$,50 au-dessus du trottoir.

9° Corniches d'entablement.

Leur saillie n'excédera pas 0$^m$,16 quand elles seront en plâtre, ou l'épaisseur du mur à son sommet quand elles seront en pierre ou en bois.

Les dimensions fixées ci-dessus sont applicables seulement dans les portions de chemins ayant plus de 6 mètres de largeur effective. Lorsque cette largeur n'est pas atteinte, l'arrêté du préfet statue, dans chaque cas particulier, sur les dimensions des saillies qu'il y a lieu d'autoriser.

ART. 20. — *Occupation temporaire de la voie publique.* — Les échafaudages ou les dépôts de matériaux qu'il pourra être nécessaire de faire sur le sol des chemins pour l'exécution des travaux seront éclairés pendant la nuit ; leur saillie sur la voie publique sera de 2 mètres au plus, et ce maximum pourra être réduit dans les traverses étroites.

Ils seront disposés de manière à ne jamais entraver l'écoulement des eaux sur le chemin ou ses dépendances. Dans les villes, le permissionnaire pourra être tenu de les entourer d'une clôture.

Art. 21. — *Remplacement ou réparation des marches, bornes, entrées de caves.* — Il est interdit d'établir, de remplacer ou de réparer des marches, bornes, entrées de caves ou tous ouvrages de maçonnerie, en saillie sur les alignements et placés sur le sol de la voie publique. Néanmoins, il pourra être fait exception à cette règle pour ceux de ces ouvrages qui seraient la conséquence de changements apportés au niveau du chemin ou lorsqu'il se présenterait des circonstances exceptionnelles. Dans ce dernier cas, il devra en être référé à l'Administration supérieure.

## CHAPITRE V.

### DISPOSITIONS CONCERNANT LES BAIES DU REZ-DE-CHAUSSÉE ET L'ACCÈS DES PORTES CHARRETIÈRES.

Art. 22. — *Conditions pour l'ouverture des portes et fenêtres du rez-de-chaussée.* — Aucune porte ne pourra s'ouvrir en dehors de manière à faire saillie sur la voie publique.

Les fenêtres et volets du rez-de-chaussée, qui s'ouvriraient en dehors, devront se rabattre sur le mur de face, le long duquel ils seront fixés.

Art. 23. — *Emplacement et accès des portes cochères.* — Sur les chemins plantés, les portes charretières seront, autant que possible, placées au milieu de l'intervalle de deux arbres consécutifs.

Il sera posé, devant les arbres, de chaque côté du passage, des bornes en pierre dure ou en bois ou des buttes-roues en fonte.

Lorsqu'il existera, vis-à-vis des portes charretières, un trottoir ou une contre-allée réservée à la circulation des piétons, il y sera établi, suivant leur profil en travers normal, une chaussée de 3 mètres de largeur, qui sera en pavé ou en empierrement, formé de menus matériaux.

La bordure du trottoir, lorsqu'il en existera, sera baissée dans l'emplacement du passage, sur une longueur de 3 mètres, de manière à conserver $0^m,05$ de hauteur au-dessus du caniveau. Le raccordement de la partie baissée avec le reste du trottoir aura 1 mètre de longueur de chaque côté.

Ces divers ouvrages sont à la charge du propriétaire riverain.

## CHAPITRE VI.

### TROTTOIRS.

Art. 24. — *Conditions d'établissement des trottoirs.* — La nature et les dimensions des matériaux à employer dans la construction des trottoirs seront fixées par l'arrêté spécial qui autorisera ces ouvrages. Les bordures, ainsi que le dessus du trottoir, seront établis suivant les points de hauteur et les alignements fixés sur le plan au pétitionnaire.

Les extrémités du trottoir devront se raccorder avec les trottoirs voisins ou avec les revers, de manière à ne former aucune saillie.

Art. 25. — *Suppression des bornes.* — Partout où un trottoir sera construit, le riverain est tenu d'enlever les bornes qui se trouvent en saillie sur les façades des constructions.

## CHAPITRE VII.

### ÉCOULEMENT DES EAUX. — ÉTABLISSEMENT D'AQUEDUCS ET DE TUYAUX.

Art. 26. — *Écoulement des eaux insalubres et eaux plu-*

*viales* — Nul ne peut, sans autorisation, rejeter sur la voie publique les eaux insalubres provenant des propriétés riveraines.

Les eaux pluviales, lorsqu'elles auront été recueillies dans une gouttière, ainsi que celles provenant de l'intérieur des maisons, seront conduites jusqu'au sol par des tuyaux de descente, puis jusqu'au caniveau du chemin, soit par une gargouille, s'il existe un trottoir ou dès qu'il en existera un, soit par un ruisseau pavé, s'il n'existe qu'un revers

Art. 27. — *Pose de conduites sous la voie publique.* — Les particuliers peuvent être autorisés à établir, sous le sol des chemins, des aqueducs ou conduites pour l'écoulement ou la distribution des eaux ou du gaz, conformément aux dispositions spéciales qui seront réglées par l'arrêté d'autorisation et sous les conditions ci-après.

Art. 28. — *Conditions générales des autorisations pour l'établissement de tuyaux ou aqueducs sous la voie publique.* — 1° Les tranchées longitudinales ne seront ouvertes qu'au fur et à mesure de la construction de l'aqueduc ou de la pose des tuyaux, et les tranchées transversales que sur la moitié de la largeur de la voie publique, de manière que l'autre moitié reste libre pour la circulation. Les parties de tranchées, qui ne pourraient pas être comblées avant la fin de la journée, seront défendues pendant la nuit par des barrières solidement établies et suffisamment éclairées.

2° Le remblai des tranchées, après la pose des conduites, sera fait par couches de $0^m,20$ d'épaisseur, et chaque couche sera pilonnée avec soin. On rétablira sur le remblai les pavages, chaussées d'empierrement, trottoirs et autres ouvrages qui auraient été démolis, en suppléant au déchet des vieux matériaux par des matériaux neufs de bonne qualité, et en se conformant, pour l'exécution, à toutes les règles de l'art.

3° Ces travaux seront exécutés par le permissionnaire, qui

devra, en outre, pendant un an, les entretenir d'une manière continue.

En cas d'inexécution de ces prescriptions, il sera dressé, pour dégradations de la voie publique, un procès-verbal qui sera déféré au tribunal de simple police. Ce procès-verbal contiendra l'estimation, par l'agent voyer, des dommages dont l'allocation sera demandée au juge-de-paix par l'Administration.

4° Le permissionnaire fera enlever, immédiatement après l'exécution de chaque partie du travail, les terres, graviers et immondices qui en proviendront, de manière à rendre la voie publique parfaitement libre.

5° Il se conformera à toutes les mesures de précautions qui lui seront indiquées, soit par les agents voyers, soit par l'autorité locale.

6° Il devra prendre les dispositions convenables pour ne porter aucun dommage aux voies d'écoulement, tels que aqueducs ou tuyaux déjà établis, soit par l'Administration, soit par les particuliers.

7° Il ne pourra entreprendre ses travaux, ni les reprendre s'il les a suspendus, sans en avoir prévenu à l'avance l'agent voyer cantonal ; il devra les terminer dans le délai qui lui sera assigné par l'arrêté d'autorisation.

8° Dans le mois qui suivra l'exécution des travaux, il déposera, au bureau de l'agent voyer cantonal, un plan coté indiquant exactement le tracé des conduites et leurs divers embranchements, à l'échelle de $0^m,005$ pour 1 mètre.

9° Le permissionnaire ou son ayant-cause devra, à toute époque, se conformer aux règlements d'administration ou de police en vigueur. Il sera tenu, sur une simple réquisition, de laisser visiter les ouvrages qui se rattachent à l'écoulement ou d'interrompre cet écoulement.

Il sera tenu, en outre, si l'Administration le juge nécessaire dans un intérêt de police et de salubrité, d'ouvrir des tranchées sur les parties de conduites qui lui seraient désignées, et de rétablir ensuite la voie sans pouvoir, à raison de ces faits réclamer aucune indemnité.

10° L'Administration conserve d'ailleurs le droit de faire changer l'emplacement des conduites ou même de les supprimer, conformément aux articles 38 et 39 ci-après.

Art. 29. — *Tuyaux de conduite pour les eaux ou le gaz.* — Les tuyaux pour la distribution des eaux ou du gaz seront toujours posés à 0$^m$,60 au moins de profondeur.

Art. 30. — *Dispositions relatives aux conduites débouchant dans un aqueduc situé sous la voie publique.* — Lorsqu'il s'agira de faire écouler les eaux d'une propriété riveraine dans un égout existant sous la voie publique, elles y seront amenées directement par un conduit dont les matériaux et les dispositions seront indiqués par l'arrêté d'autorisation.

Le percement dans la maçonnerie du pied-droit sera réduit aux dimensions strictement indispensables. Le raccordement sera exécuté avec soin en ciment ou en bon mortier hydraulique.

Le conduit sera muni, à son origine dans l'intérieur de la propriété, d'une cuvette avec grille, qui devra faire obstacle au passage des immondices.

Il est interdit d'introduire dans l'égout aucun liquide qui pourrait nuire à la salubrité ou à l'égout lui-même.

## CHAPITRE VIII.

### PLANTATIONS.

Art. 31. — Nul ne peut exercer un acte quelconque de jouissance sur une plantation située sur le sol d'un chemin vicinal sans en avoir, au préalable, obtenu l'autorisation.

Cette autorisation ne sera accordée que si les particuliers

justifient avoir légitimement acquis les arbres dont il s'agit à titre onéreux ou les avoir plantés à leurs frais, en exécution des anciens règlements ou en vertu d'autorisations particulières.

Art. 32. — *Abatage des plantations.* — Nul ne peut abattre des arbres plantés sur le sol d'un chemin vicinal, sans en avoir obtenu l'autorisation.

L'abatage sera fait de manière à ne pas encombrer la voie publique.

Les arbres seront, aussitôt après l'abatage, rangés sur le bord des accotements ou le long des fossés, parallèlement à l'axe du chemin Les trous seront comblés immédiatement. Les arbres abattus seront enlevés huit jours au plus tard après leur chute.

Art. 33. — *Elagage.* — Les conditions de l'élagage des haies et des plantations sont déterminées par des arrêtés spéciaux, en raison de l'essence des arbres et des circonstances locales.

Les haies seront toujours conduites de manière que leur développement du côté de la voie publique ne fasse aucune saillie sur le sol appartenant au chemin. On n'y tolérera l'existence d'aucun arbre de haute tige, à moins que la haie ne se trouve à $2^m$ au moins des terrains de la voie publique s'il s'agit d'arbres forestiers, et à $2^m,50$ s'il s'agit d'arbres fruitiers.

Art. 34. — *Plantations nouvelles* — Les plantations nouvelles que les particuliers recevraient l'autorisation de faire sur le sol des chemins vicinaux ne seront exécutées que d'après un arrêté fixant les alignements, l'espacement des arbres entre eux dans chaque rangée, leur essence, les conditions auxquelles ils doivent satisfaire et les précautions à prendre pour assurer leur bonne venue. Ces plantations une fois faites deviendront une dépendance de la voie publique.

## CHAPITRE IX.

### CONDITIONS GÉNÉRALES DES AUTORISATIONS.

ART. 35. — *Durée des autorisations.* — Les autorisations ne sont valables que pour un an, à partir de la date des arrêtés, et sont périmées de plein droit, si l'on n'en a pas fait usage avant l'expiration de ce délai.

ART. 36. — *Procès-verbaux de récolement.* — Toute permission de voirie vicinale donne lieu à une vérification de la part des agents de l'Administration. Si les conditions imposées au permissionnaire ont été remplies, le résultat de cette opération est constaté par un procès-verbal de récolement en double expédition, dont l'une, après avoir été visée par les agents voyers, est remise par le préfet au propriétaire, s'il s'agit d'un chemin de grande communication ou d'intérêt commun et par le Maire s'il s'agit d'un chemin vicinal ordinaire.

Dans le cas contraire, il est dressé un procès-verbal de contravention, lequel est déféré au tribunal compétent.

ART. 37. — *Réparation des dommages causés aux chemins.* — Aussitôt après l'achèvement de leurs travaux, les permissionnaires sont tenus d'enlever tous les décombres, terres, dépôts de matériaux, gravois et immondices, de réparer immédiatement tous les dommages qui auraient pu être causés au chemin ou à ses dépendances, et de rétablir dans leur premier état les fossés, talus, accotements, chaussées ou trottoirs qui auraient été endommagés.

Art. 38. — *Entretien en bon état des ouvrages situés sur le sol du chemin et de ses dépendances.* — Les ouvrages établis sur le sol de la voie publique et qui intéressent la viabilité, notamment ceux mentionnés dans les articles 6, 24, 26, 27, 28, 29 et 30 du présent règlement, seront toujours entretenus en bon état et maintenus conformes aux conditions de l'autorisation ; faute de quoi cette autorisation serait révoquée, indépendamment des mesures qui pourraient être prises contre le permissionnaire pour répression de délit de voirie vicinale et pour la suppression de ces ouvrages.

Art. 39. — *Suppression des ouvrages sans indemnités.* — Les permissions de pure tolérance, concernant les ouvrages mentionnés à l'article précédent, peuvent toujours être modifiées ou révoquées, en tout ou en partie, lorsque l'Administration le juge utile à l'intérêt public, et le permissionnaire est tenu de se conformer à ce qui lui est prescrit à ce sujet, sans qu'il puisse s'en prévaloir pour réclamer aucune indemnité.

Art. 40. — *Réserve des droits des tiers.* — Les autorisations de voirie vicinale ne sont données que sous toutes réserves des droits des tiers, des règlements faits par l'autorité municipale dans les limites de ses attributions, des servitudes militaires et de celles résultant du Code forestier.

Art. 41. — *Réserve concernant la police des chemins vicinaux ordinaires, des chemins ruraux et de la voirie urbaine.* — Une permission de voirie accordée pour une propriété qui fait l'angle d'un chemin de grande communication ou d'un chemin d'intérêt commun et d'une voie communale ne préjuge rien sur les obligations qui peuvent être imposées par l'autorité locale, en ce qui concerne la façade sur la voie communale.

## CHAPITRE X.

Art. 42. — *Mode de Constatation des délits et contraventions.* — Les délits et contraventions sont constatés par les maires, adjoints, commissaires de police, agents voyers et gardes champêtres.

Art. 43. — *Publication et exécution du règlement.* — MM. les Sous-Préfets, M. l'Agent voyer en Chef du département, MM. les Maires et Adjoints, Commissaires de police et Gardes champêtres sont chargés, chacun en ce qui le concerne, de surveiller et d'assurer l'exécution du présent arrêté qui sera inséré au Recueil des Actes administratifs de la Préfecture.

Fait à Lille, le 21 décembre 1891.

*Le Préfet du département,*

Signé : VEL-DURAND.

Pour copie conforme,
*Le Secrétaire Général,*
GUÉRIN.

www.ingramcontent.com/pod-product-compliance
Lightning Source LLC
Chambersburg PA
CBHW061529040426
42450CB00008B/1852